지울 게 없을 거야

지울게 없을거야

초판 1쇄 인쇄 2010년 1월 5일
초판 1쇄 발행 2010년 1월 10일

지은이 I 서지민
펴낸이 I 金泰奉
펴낸곳 I 도서출판 띠앗
등 록 I 제4-414호

편 집 I 박창서, 김주영, 김미란, 이혜정
마케팅 I 김영길, 김명준
홍 보 I 장승윤

주 소 I (우143-200) 서울시 광진구 구의동 243-22
전 화 I (02)454-0492
팩 스 I (02)454-0493
이메일 ddiat@ddiat.co.kr
홈페이지 www.ddiat.co.kr

값 6,000원
ISBN 978-89-5854-070-0 (03810)

지울 게 없을 거야

서지민 시집

도서출판 땅

시인의 말

답답해서, 화가 나서, 이해하고 싶어서,
마음이 아프고 기뻐서 느끼는 대로 썼던
마음의 중얼거림들

누군가에게 이 중얼거림들이 친구가 되어
조금이라도 답답함을 달래 줄 수 있다면
두려움을 들어줄 수 있다면
같은 편이 되어 줄 수 있다면….

서지민

목 차

발언

난리

진심

마음

혼란

앞으로 나가기 위해 도전을 받아들였지만,
도전 속의 두려움을 숨길 수 없는 여린 마음

시작되다

왜 당당하게 살아가는데 아픔이 올까?
왜 주어진 행복을 모를까?
왜 느낌은 울게 하고, 화나게 하고, 웃게 할까?

나만 걷는 거리가 아니더라
나만 사는 곳이 아니더라
나만 보는 게 아니고, 듣는 것도 아닌데
왜 각자의 말만 할까?

왜? 라고 물었고
어째서? 라고 물었고
언제부터인가 마음이 느꼈고
혼란이 시작됐다.

Simply

Complicated

원함에, 기다림에, 자신감에…

보고 싶다면 오나?
미워한다면 가나?
싫어한다면 오지 않나?
그립다면 한숨에 달려오나?

진짜 오라고 해?
내가 진짜 보고 싶은 건가?

정말 가라고 해?
네가 진짜 싫어졌나?

쓸데없는 욕심의 집착일까?
아니면 착각의 집착일까?

오지 않을 건가?
알 수는 없을까?
이제 지쳤기에 널 불러 보는 걸까?

정말 널 그리워하나?
정말 네가 보고 싶은 건가?
너 없이 살 수 없는 걸까?

널 보지 않아도 살아가고 있는데
왜 이러나?
왜 이러고 있나?
너 아니면 안 되나?
왜 마음이 잡히지 않을까?

두려움

가고 싶은데 붙잡지는 않을까?
떠나게 해줄까?
마음은 벌써 떠난 길, 몸도 같이 갈 수 있을까?
아직 아니라고 하는데
가라고 하지 않는데
누구의 허락을 기다리는 걸까?

상상하면 마음만은 급히 숨 가쁘게 떠나고 있는데
마음이 지쳐 돌아올지
몸이 지쳐 가지 못할지
뭐 때문에 포기할지
자신감 잃은 용기뿐인데

두고 보기엔 시간이 없는데
힘이 드는데
겁만 나는데

내가 날 가뒀나?
두려움이 날 가지고 노는 걸까?

난 믿는데 세상은 날 못 믿나봐
두렵게 해 (두려워해)
무섭게 해 (무서워해)

그래도 가고 싶은데
누가 뭐래도 가고 싶은데, 갈 건데
뭐가 문제일까?

어떻게 또

너무 가까이
너무 오래 곁에 머물러서
모든 걸 묻어 주고 이해했는데, 노력했는데
그게 헛것인 것처럼 느껴져
이용당했다고 생각돼

날 화나게 해서
날 실망시켜서
너무 무서운, 알 수 없는 네가 돼서
날 위해, 이번만은 날 위해
또 버려야 할 사람이 되어 버린 너

기억되는 것도 많고
원망할 것도 남아있는데
퍼부을 화가 가득한데
그래도 버려야 하는 너

널 네가 떠나게 만들었어
넌 네가 이해해
네가 해.

틀

터질 것 같은 맘의 평화
고무줄이 아니라서
늘릴 수도 잡아당길 수도 없는 머리의 능력

쉽지 않은
예쁘지 않은 표현의 표정
쏟아지는 결투의 초대
받아들이고 싶지 않은 뇌의 한계
한 아름이나 부족한 비판과 심판
내 걸음을 머물게 하는 본드 같은 방해
잃어버리고 싶은 압박감
반복으로 다가오는 실연의 깊이

싸움만 커져
그 외는 지워져
흩어져
모든 게 깨지고 있는 여기가 싫어
혼란의 장난에 질려.

습관

현실은 행복을 알게 하고 겁을 주기도 해
모르고 살아온 것에 의미를 붙여 주고
알고 있는 것이 거짓이라고 말해 줘
생각 속에 생각을 잊게 하고
현실 속에 현실을 놓쳐 버리게 해

피해를 봤어
진실되게 다가가 피해를 봤어
움직일 수 없을 만큼 배신이 날 잡고 있어
풀리지 않는 삶의 본능에 끌려가고 있어
무너지는 인간성이 내 위에 쏟아져

욕심에 부딪쳐 마음을 벙어리로 만들고
내 것만을 생각하기에 내 것이 없어지면
내 것이 아닌 것을 빼앗으려고
남의 것에 손을 닿고 싶어 하는 사람들 때문에
행복은 깨져

이런 습관들이 쉽게 깨지지 않아
못난 사람들 틈에서 더 이상은
모나리자의 알 수 없는 미소를 짓고 싶지 않아
비틀린 세상이 날 비틀어.

착각

이해 못할 만큼 좋아하게 만들고
마음대로 놀려 놓고는
네가 재미없다고 날 무시했던 너

모든 걸 가져가고서는 아직 고프다고 미소 지으며
돌아오는 널 받아들여야 하니?
받아줄 줄 알았니?

부끄럽지도 않나봐
날 우습게 봤나봐
내 눈치를 피했다고 생각했나봐

멋대로 모든 걸 끝내고 날 부르는 네 목소리는
한 번 더 화를 던지잖아

시간 흘러 잊었다고 생각했니?
어떤 용기로 날 또 보고 싶은 거니?

●●●

네가 있다면 나도 있는데,

왜 넌 너뿐이니?

●●●

엉터리

진심이 없는데 사랑한대
마음도 없으면서 사랑해 준대
믿기 힘든 소리만 해

말을 잘해 사랑을 사고
거짓 눈물로 사랑을 팔고
경박한 세상이라고 모든 상식을 밟아 버리고
사기 치며 산다고 내버려 두래

입이 무겁다고 믿어 보래
얇은 휴지밖에 안 되는 마음을 믿어 보래
속이는 사람들은 사기라는 예술에 빠져 있고
거짓 속에서 모든 게 두려움이라
숨어서만 인정해

고개 숙이고
얼굴엔 고통의 눈물을 감춰
비겁함에 중독되어 하늘만 원망하고 살아

이런 삶을 선택한 자신을 포기하고는
사는 게 힘들다고 투정만 늘어놓고 있어

주지 못하면서 준다고 해
믿음도 없으면서 믿어 주기만을 원해
모두가 넘어가
이제는 날 꼬시려고
내게 넘어와.

질문

왜 화만 참으라 하십니까?
왜 노력은 참지 말라고 하십니까?
왜 미움만은 전부 없애라 하십니까?

왜 편들게 하면서
화해를 하라고 하십니까?

왜 아픔을 견디라고 하십니까?
왜 기쁨은 짧게만 옵니까?

왜 울려 놓고
안아주십니까?

왜 칭찬을 해주셔서
마음을 어지럽게 하십니까?

왜 모든 걸 경험하게 만듭니까?
왜 악과 선 사이에 고민하게 하십니까?

왜 답이 없는 일을 닥치게 하십니까?
왜 끝까지 밀어붙입니까?

알지만, 왜 그러시는지 알 것 같지만
어리석은 질문이겠지만
살아갈수록 더 궁금케 합니다.

몫

잃어버렸다는 건 내가 아끼지 못했기 때문일까?
아니면 내 것이 아니기 때문일까?
아끼지 못해서 그런 거라면
다시 찾기 위해 노력할 텐데
만약 내 것이 아니라서 그런 거라면
아쉽지만 잃어버린 채 살 텐데.

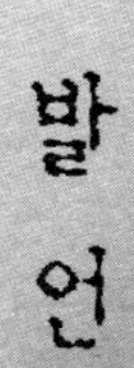

발언

마음 부림

생각은 어딜 갔는지 불러도 오지 않아
모든 게 날 지켜보는 것만 같아
나만 보는 것만 같아

시끄럽게 들리는 멍한 현실 속의 명령들 앞에
난 목소리를 찾지 못해
말할 수 있는 건 하나도 없어

폼 잡은 모습엔
중심을 잃어 굴러다니는 머리를 붙여 놓고
어디에 있는지도 모르고
지금이라는 시간도 모른 채
불면 속 불면에 빠진 것만 같아

세상이 날 속이고
나도 세상을 속이고

이제 어디에 기대야 할지 모르겠고
느낌이 없는 듯 속여서라도 피하고 싶지만
버텨 보려 마음 부림을 계속 쳐.

아무것도 아닌데

밥 먹고 있는데
눈물이 나
떨려서 먹지도 못하겠어
속에서 밥을 거부해
바보같이
멍청하게!

이런 느낌이 싫어 울음이 나
자꾸 눈물이 나
너무 불편하게!

울리는 사람 없는데
자꾸 울고 있어
바보처럼!

밥이 울려 너무 밉게
이해 못하게
모든 게 싫어지게

날 울려 애타게
쓰리게.

●●●

매일 유일하게 가지는 나의 시간인데,
아픔이 그때조차 날 놔두지 않아서
억울할 만큼 답답해!

●●●

건들지 마

어느 순간 눈물 흘리며 무너질 것만 같아
찢어진 마음 꿰매려는 내 모습을 숨겨봐

참아온 억울함이 가슴속에 숨어 있는 게 보여도
계속 한곳만을 보고 있는 날 내가 안아주지 못해
눈가에 고여 있는 눈물이 흘러내릴까봐
다가가지 못해
너무나 시선을 돌리고 싶지만
돌릴 곳이 없어

어떡해!
도움도 못 받아들이는 나인데
너덜너덜한 마음에 자존심만 붙어 있는데

모든 걸 내가 해야 하는 걸 알지만
사랑을 볼 수 있어야 하는 것도 알지만
이겨내야 하는 것도 알지만
알고 있지만…

몰래 기도를 바쳐
(너무 괴로워하는 맘을 위로하기 위해)
묻어두고 싶은 만큼 상처인가봐
(몰래 겪고 싶은 만큼)
그러니까 그냥 날 놔줘
모르는 척 이해해줘
보지도 마, 네 마음속에서 생각도 하지 마
지금 건드리면 전부 무너질지 몰라.

왜 이래?

웃지도 못하고, 웃기도 싫고
울지도 못하고, 울기는 더 싫고
충격 받은 것처럼 얼어 있는 내가 보이고
이제 모든 게 두려움이야

밤새 생각해, 생각 없는 생각의 생각은 계속 이어져
답답함만 밀려오고
너라는 추억 지워지기만을 기다리는데
떠나질 않아

말했잖아
부탁도 했잖아
내 속에 그래도 박혀 있으면 어떡해?

떼어 내고 싶어, 너무 엉망이잖아
잊고 싶지만, 포기가 안 되잖아
힘들잖아, 이제는 하늘도 어두워지잖아

어떡할까?
그래도 같이 있을까?
서로 바라보기만 하며 함께 할까?
손잡고 계속 다닐까?

차라리 아무것도 몰랐으면, 널 몰랐으면
모든 게 사라졌으면
내가, 내가 아니었으면.

●●●

맴도는 생각들 때문에,

남아 있는 추억들 때문에…

●●●

때가 되면

눈물이 떠나려고 해
내 마음은 슬픔에 잠겨
못난 정이 살아나
쓸쓸함을 데려와

참아왔던 화도 떠나려 해
내 맘은 약해져
미움이 살아나
흥분이 달려와

붙들어 쥐고 있던 하고 싶은 말들까지 떠나려고 해
내 맘은 깊은 생각에 잠겨
초조함이 살아나
감정의 방해를 놓는 것에 화가 나

때가 되면 알아서 떠나나봐
난 준비가 안 됐는데 떠나보내야 하나봐.

•••

그때는 어떻게 말을 해야 할지 몰라서 미뤄뒀고
그때는 어디까지 참아야 할지 몰라서 그냥 참았고
그때는 뭐까지 듣고 있어야 할지 몰라서 듣기만 했고
자연스럽게 지나갔고
'그때'는 이제 지난 얘길 뿐.

•••

모른 척

네가 어떤 말을 하는지 다 알지만
도저히 인정 못하겠어
이 순간 이해의 능력을 버렸어
얼마나 어처구니없는지 할 말을 잃었어
이렇게 약한 적 없는 내 맘이 흔들렸어
그것도 모자라서 쓰러졌어
모든 걸 알아버려서 미치겠어
내가 말을 꺼내야 할지 모르겠어
모든 게 미움이야
침착할 수 없어
주저앉아 버린 날 일으키지 못하겠어.

●●●

느낌이 먼저 알아챈 비극이 또렷하게 내 앞에 놓여지고
설마 했던 일이 사실이 되어 때려올 때
돌아버리고 싶을 만큼 현실이 내 마음을 고문시켜.

●●●

원하지 않아

다 필요 없는데
이건 아닌데
썩은 마음은 싫은데
빈 마음 안 줘도 되는데
억지 떠는 건 화나는데

조금이라도 불편하면
지금 떠나는 게 좋을 텐데

참기 싫은데
참아주는 것도 싫은데
꼭 많이 참게 되던데
병이 나던데

내가 이해할게라고 더 이상 말 못하는데
네가 이해하길 바라는 것도 아닌데

미워하는 맘 숨길 필요 없는데
숨겨도 진심은 살아있는데

너, 필요 없는데
이런 사랑 싫은데
사랑이라 할 수 없는데

시작이 있었던 것도 아닌데
끝도 정할 필요 없겠는데

필요 없는데
머리 아픈 일 없는 게 좋은데
이런 상황은 불필요한데

원하지 않아
맘이 없어
그렇지 않아?

울고 있다면 믿겠니?
눈물이 흐르고 있는 걸 알겠니?
아물지 않는 게 네가 준 상처라면 이해하겠니?

아픔이 밉다면 이해하겠니?
너의 스친 손길이 그 아픔이 돼서 밉다면 이해하겠니?
서로의 존재의 아픔이
우리 사이에 살고 있다면 넌 알겠니?
내 마음 알 것 같니?
알고는 싶니?

너도 원하지 않지 않니?

못나서, 못해서, 못났어

눈앞에 보이는 게 있어, 너무 많아
와 닿는 건 없어, 너무 없어

농담을 던지는데 얼어 버려
칭찬을 해주는데 울어 버려

잡을 게 많아, 아주 많아
원하는 건 없어, 하나도 없어

앞에 다가가려 하지만 안 돼
뒤돌아가고 싶지만 못 가

들려, 많은 것이 들려, 아주 많이도 들려
듣고 싶은 건 안 들려, 원하는 만큼 안 들려

이야기를 나누고 싶지만 못해
아무 말 못하고 제자리에 서 있기만 해

내가 너무 못나서
내가 너무 못해서
그래서 내가 너무 못났어.

못된 노래

내 속에 머무는 기억들
어떻게 할 수 없는 기억들
이 기억들 빼줘
내 머리에서 빼줘
내 마음에서 빨리 빼줘
더 이상 생각 안 나게 내 마음을 말려줘
이 기억에 더 이상 날 뺏기지 못하게
훔쳐보지도 않게 내 속에서 멀리 둬
멀리서도 생각 안 나게 기억들을 더 멀리 밀어줘
귀찮다고 맘먹은 지금 해줘
이 기억들 때문에 되는 게 없어.

피에로는 울지 않지

슬픔을 다 보내지 못한 채 웃고 있으니 웃기대
웃고 싶어 슬픔 잊은 척했는데 들통났대

진심으로 하는 행동이 웃기대
그래서 너무 슬프대
슬픈 눈으로 웃는 날
마치 멍든 얼굴로 공주 분장한 것 같대
꼭 정신병자가 미친 척하는 거 같대

척을 하면 내 앞에서 울어 버리고
진심으로 행동하면 뒤에서 펑펑 울고

그러지 마!
내 모습이 널 힘들게 하면 난 어떻겠니?

슬프다고 호들갑 떨지 마
자꾸 그러면 슬퍼서 화나니까
화나면 진짜 울어 버릴 것 같으니까?

내 맘을 툭툭 치지 마
그냥 넌 걸어가
그럼 더 이상 상처는 번지지 않을 거야
난 울 수 없잖아.

귀찮게 해

잠에서도 싸워
전체가 아닌 나 자신을 위해

날 망가지게 하고픈 사람들 틈에
미소 지은 적은 몇 번이나 있었을까?

초가 지날 때마다 앞 또 그 앞을 떠올려야 하는 삶

악몽, 개꿈도 내게 덤비고
바람에 날리는 쓰레기도 귀찮게 굴어

내 세상 안에 잘 살고 있는 날
끄집어내겠다는 사람들이랑 오늘도 난리를 펴.

●●●

보이지 않는다고 없는 게 아닌데
말을 하지 않는다고 말할 줄 모르는 게 아닌데
들리지 않는다고 외면하는 게 아닌데

●●●

난리

싸워서?

욕심에 빠져
어디에서, 뭔가가, 누군가가, 무엇 때문에 싸우잖아
모든 게 멈춰 버리잖아
숨죽이며 죽어 살잖아

우리의 행복, 가족, 사랑, 믿음, 꿈, 권리
이 모든 걸 가져가는 도둑 같은 전쟁이 일어나잖아

어떤 한쪽에서 포기한다면
싸우다 지쳐 모든 게 멈춰 버리면
다 잃어버리면
아무것도 남지 않으면
모든 게 없어지면
이런 세상이 되어 버리면
우리가 없어지면
어떻게 살아?
살 수 있겠니?

저질러졌고, 이제는?

여기까지 데려와서는 책임지지 않겠다니!
어떡하라고?

함께 다니던 길 이제 혼자 가라니?
무책임한 게 아닌가?
나 보고 어떡하라고?

상처 입혀 주고
싸움은 네가 만들어 놓고
나 자신을 내세워 이제 싸우라고?

모든 게 닥치고
숨고만 싶지만 어디로?
(엄마 품속에 숨고 싶어)

미래가 없다면 두려워도 괜찮을 텐데
원망 같은 거 안 할 건데
(이 순간으로 끝이니)

하지만!
시간은 계속 흐르고 있잖아
우리는 계속 숨을 쉬잖아
너랑 똑같이 숨을 쉬고 있잖아!

질러봐!

연기에 품은 우리의 희망이 숨 막혀 죽어
아픔이고, 슬픔이고 견뎌 보지 않는 게 없어
말이고, 사람이고 진심은 안 통해
눌러 버린 기는 더 이상 힘이 없어
화는 타버려
숨이 막혀
정신력은 바닥이 나 판단할 수 없어
살면 사는 거고
죽으면 죽는 거야
선택권이 없어
인생이 안개 속에 묻혀 사라져

아파서 질러
알 수 없어서 질러
살고 싶어 질러.

●●●

전쟁터에서 어떤 아이가, 엄마가, 아빠가, 군인이

소리를 질러.

겁에 질려 질러, 억울함에 질러, 화가 나 질러,

당황함에 질러.

모두 숨통이 막혀 질러, 모두 살고 싶어 질러,

모두 행복을 원해 질러.

모두 아픔에 질러…

들리지 않니?

●●●

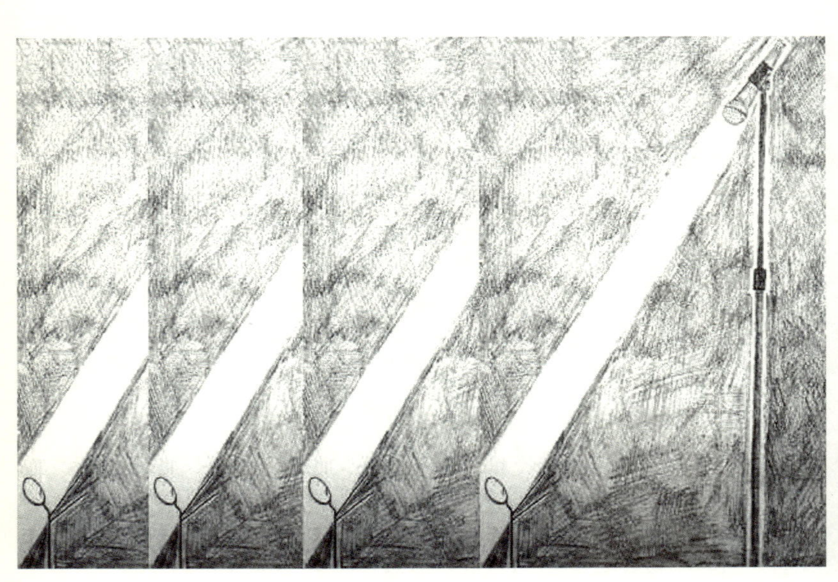

●●●

착하게 살고 있다는 걸 보여 주기 위해

억지로 위하는 척하는데…

비틀어진 인생관을 바치면서 영웅이 되길 기획하는데…

우리의 만찬을 차려 주려고 대신 장을 보는데…

안 그래도 되는데…

너무 베풀 필요 없는데…

다 아는데…

독인데!

●●●

졸병

네 상처, 투정과 비굴한 태도를 내가 짊어지고
넌, 너의 지난 과거를 나한테 던지고

그런 널 거절하는 게 더 아플 것 같아
다시 너한테 떠미는 게 더 잔인한 거라 생각해
난 그런 널 내 안에 묻었어

넌 너의 무의미한 투정을 나한테 쌓아올렸고
너한테 다시 설명하기엔 너무 유치해서
네 짜증으로 산을 만들었어

계속해서 넌 네 모습을 지켜 달라고,
상처는 받기 싫다며
혼자 잘할 수 있는데
도움이 필요하다고 날 부려먹었고
네 문제를 알고 있는데
돕지 않을 내가 아닌 걸 아는 너한테 또 속았어

더 이상 날 잡지 마, 내게 기대지 마
달래려고도 하지 마, 고약한 떼쓰지 마
문제가 있다고 절대 말하지 마
너만 그렇다고 더욱 더 말하지 마
네 이야기는 시시한 욕심들뿐이야

넌 말을 잘했지만 맘이 같이 놀지 않았어
오직 넌 널 중심으로만 생각했어
넌 허풍을 뽐냈어
고약한 냄새를 풍겼어

정신 빠진 너 때문에 주문을 걸어
널 외면할 수 있게.

희망

가시밭을 지나 진흙 대지를 지나
긴 거리를 걸어왔다고 생각했는데
돌아보니 그렇지 않은
어지럽게만 했던 길

세상을 이겨 내기 위해 토해냈던 두려움들
아직 끝나지 않았나봐
계속 나비는 미치게 날아다녀

아직 많이 어리지만 지쳤어
부끄럽지만 힘들어
일찍 받아들인 세상의 비리에 질렸어
더 이상 믿을 수 없을 것 같아
매번 오는 이에게 정 줬더니 떠나갔어, 배신했어

내가 이제 다 보내
내가 이제 떠나
나만 데리고 새로운 길을 만들어 떠나

정해진 건 없잖아
만들어 가면 되잖아
실패는 있는 거고
성공으로 이름을 바꾸기도 하지 않을까?

있기에 없을 수도 있겠지
없으니 생기기도 하겠지
다 괜찮겠지
지금이 아니라도 좋은 날이 오겠지?

●●●

새로운 하늘 앞에 또 싸움을 준비해…

싸우고 남는 건 하나도 없어…

행복 찾는 날이는 언제쯤에?

●●●

빈털터리

이제 어디 가도 안 받아준대
시킨 대로 한건데
인생이 끝이래

이제 아무도 날 안 믿는대
아무 말 안 했는데
기회가 없대
날 그냥 이대로 가둬만 두래

전쟁으로 인해 피해 본 사람들이 갈 곳이 없어지고
기댈 곳이 없어지고
인생도 사라지고
자기 자신도 없는 거지가 돼.

War Story

I guess many will need time to heal
That everything is out of deal
Bombs drop and spirits shatter
Anger and confusion now doesn't matter
We will need to gather
The broken pieces after land crack in terror

Left middle of nowhere
Running out of breathable air
Losing control of own faith captured by war days
Many will become Prisoners of War in their own ways
We will need to gather
The missing pieces after land crack in terror

Under gas masks and haunted surroundings
Sounds of shots inculcating
Children will learn evil and revenge

These angels will lose their hopes in life so strange
We will need to gather
The stolen pieces after land crack in terror

We will lose our hearts as they tear apart in flood of grievance
We will weep for lost justice out of presence
It will be painful when soldiers lose their morals in uncontrollable mistakes
It will be too late when they realize they got to do whatever it takes to heal the aches
We will need to gather
The lost pieces after land crack in terror

We will pray for our prayers to come true more than ever
We will need help from above for damaged aspiration to live better

We will have to learn 'trust' all over again after
everything takes its turn to burn
We will need more Disney and Kings of Comedy
for innocence and smiles to return
We will need to search for the stolen lives and
find its previous pattern
We will need to gather
The happy memories after land crack in terror.

살아남을 수 있기에

안간힘을 써 웃고 싶을 만큼 포기하고 싶지 않을 때
어떤 괴로움이 와도
어떤 비극이 닥쳐도 살아남을 거라 믿어봐

희망을 가득 안고
눈물을 삼키고
귀를 열어 자유의 소리를 좇아 마음을 산책시켜봐

가슴속 희망을 싣고
욕망을 부르며 숨을 쉬어봐

겪은 어려움은 자신한테 주는 진정한 무기가 될 거야
꿈은 말라버린 희망에 생명을 줄 거고
피하지 못해 받아들였지만
살려고 부딪쳐봐

마음을 달래며
어두움을 덮어봐

어떤 것이라도 가능하다는 걸 믿어봐
자신도 모르게 살아남을 거야

죽을 만큼 죽음을 이길 거야.

●●●

'욕심'의 1%를 포기할 수 있나요?

당신 '욕심'의 1%만 포기해 줄 수 있나요?

평화가 가능하지 않을까요?

●●●

진
심

●●●

마음으로 100번 넘게 반복했던 떠난다는 말,
눈치를 챘으면 했던 적, 끝까지 눈치를 못 챘으면 했던 적.

정 때문에 눈치를 살피는 눈치.

●●●

어떻게 말해?

어떻게 네게 나 때문에 눈물 흘릴 거라 말해?
내게 성난 말을 해도
어떻게 앞으로 나 때문에 아플 거라 말해
나 때문에 괴로울 거라 어떻게 말해

내가 슬픔이 될 거라 어떻게 말해
많이 힘들 거라 말 못해
날 가까이 하지 못할 거라 어떻게 말해
이런 걱정시키는 널 떠나려 해

너 때문에 내가 아픈 네 곁을 떠나려 해
입가에 멈춰 있는 널 향한 화는 삼키려 해
너 모르게 내가 이 상황을 달래려 해

내가 널 이제 피하려 해
내가 알아서 해결하려 해
넌 절대 모르게 내가 다 이해하려 해

어떻게 내가 너한테 말을 해
너보고 어떻게 떠난다고 해
어떻게 너 때문에 내가 간다고 해
네가 내 옆에 있어도
난 네 옆에 없을 거라 어떻게 말해

나 때문에 네가 많이 후회할 거라 어떻게 말해!
어떻게 이해시켜!
뭐라고 말해!

내가 가면
앞에 밟히는 내가 없어
넌 더 살만 할 거야
웃음이 날 거야

나도 홀가분해 살만 할 거야
조금은 걱정돼도 행복할 거야.

하필이면 나야?

모두 나에게 얘길 해
'오늘 이랬다고'
'그 사람이 그랬다고'
'무시한다고'
'떠났다고'
'마음이 아프다고'
'짜증이 난다고'
'힘들다고'
모두 나한테

내가 낙서장인 줄 알아
내게 마구 써
연필로 쓰고 지워도 자국은 남는데
희미하게 남아도 지운 자국은 남는데
마구 써
마구 상처를 나한테 그려
기록을 나한테 남겨
내가 뭔데?
넌 뭔데?

●●●

곰곰이 생각해 보면…

내가 왜 허락했을까?

모든 걸 허락하고 내버려 두고서 불쾌해지는 건

거짓된 친절함일까?

●●●

참았다면

울 일 없겠지
그때 조금 참았다면
조금만 맘이 깊었다면
조금만 멀리 생각했었다면

널 위로하는 말도 필요 없겠지
조금만 더 참았다면
조금만 날 덜 챙겼다면

이제 와서 후회할 필요 없겠지
구겨진 얼굴 절대 보이지 않았더라면

좋은 사람으로 남았겠지
순간적 갈등을 이해하려 노력했다면

조금만 더 참을 걸
조금만 더 노력할 걸
조금만 더 이해해 볼 걸.

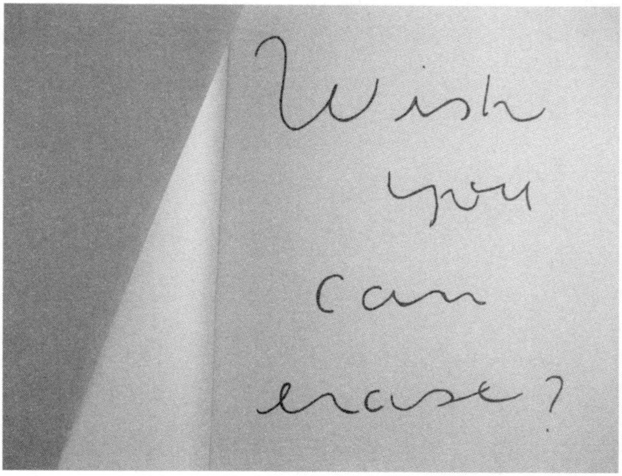

Wish
you
can
erase?

아직

절대 안 운다고 했는데
큰소리치며 다짐했는데

너 말고 모든 걸 생각해도
눈물이 나
다른 거 말고 미운 너만 생각해도
눈물이 나
정신 놓고 앉아 있을 때도
눈물이 나

너 한번 잊어 보려고
아무것도 없는 천장을 보고 있는데
너만 생각나
자꾸 눈물이 흘러서 포기하고 울려고 하면
눈물은 흐르지 않고 마음만 아파

정리가 덜 됐나봐
급한 성질만 믿고 널 잊을 거라 생각했나봐

지금은 이틀에 한 번만 울어
하루에 한 번만 울고
곧 일 년에 한 번만 울게
그 다음엔 안 울게.

준비

태연한 행동을 반복하고
여유롭게 웃는 연습도 잊지 않아
어떤 상황이 닥칠지 몰라 양자택일을 꾸며 놓아
긴장을 놓치지 않기 위해 조심스럽지만
약하게 보이는 건 싫어

지금 기쁨이 오면 안 되는데 라고 거만한 생각을 해봐
블록버스터 인생이 지금이면 곤란할 거라는
꿈같은 상상도 해봐
붙잡을 수 없는 현실 때문에 오는 불안감을
이렇게 삼켜봐

피할 수 있다면 피하고 싶은 모두의 마음은 같잖아
피할 수 없는 일이라는 것도 마찬가지.

●●●

힘들겠지만 독한 맘 안 먹으면 울보가 될 거야,
되는 일 하나도 없을 거야

●●●

숨바꼭질

내 손은 얼음처럼 차갑고
내 미소는 아플 만큼 냉정하고
내 모습은 슬픔을 비추고
내 마음은 외톨이로 잠을 자고

울음을 멈추기 위해 내 맘은 선인장
파도로 다가오는 아픔은 타가는 사막의 심장
누구도 봐주지 않는 구석에 처박혀 있는
인기 없는 인형이 바로 나
먼지가 날 덮고
돈이 날 더럽히는데
저기 세워져 있는 스케이트보드를 타고
여기서 탈출할까?
저기 있는 비행기를 타고 하늘을 날아볼까?
내가 만약 눈물을 흘리면 나를 보러 사람들이 몰릴까?

이젠 여기를 떠나고 싶지 않아
내 위에 이불이 된 먼지가 따뜻해
잘 보이지 않는 여기 구석이 편해.

투정

낮잠을 자고 일어났어
추한 모습이야
꾸부려 잤던 후유증이 나타나 너무 창피해
제대로 잤다면 아깝지는 않지
정신이 잠을 자지 않아
머리는 더 아프고
몸도 같이 쑤시고
고민은 계속 꿈으로 이어졌고
얼굴엔 인상이 가득
눈에는 핏줄이 생겨
너무 밉상이야.

가슴에 붙은 껌

내게 이런 사람이 있습니다…
아이처럼 큰소리로 말하는 모습이 마음을 아프게 하는
즐거움에 미소 짓지만 아프게 하는
말없이 앉아있는 모습이 날 슬프게 하는
이런 사람이 내게 있습니다

강하지만 약하고
밉지만 사랑하고
그냥 무심코 너무 슬프게 하는 사람이 내게 있습니다

그냥 눈물 흘리게
그냥 마음을 고통스럽게
만드는 사람이 내게 있습니다

아프게 합니다
아프게만 합니다
슬프게 합니다
내게 언제나 존재할 소중한 슬픔이
내게 와 붙었습니다

내게 이런 사람이 있습니다
슬프도록 사랑하는 무서운 사람입니다.

Realize

Now that I think I understand
I am gonna be sick for a while

Now that I don't have to worry
I am gonna be lonely for a while

화, 슬픔, 기쁨, 너, 나, 우리
이 모든 것이 혼란으로 함께 살아

화낼 필요 없고, 울 필요 없고, 탓할 필요도 없어
설명할 수 있고, 고함을 지를 수 있고,
애원할 수도 있지만
It's all useless
It's all a waste
It's all worthless
It's all trifling when we don't understand

내가 생각하는 의문들, 질문들, 이해와 제안들을
내 속에서 꾸물거리게 해
날 달래 주게

지금은
I have no desire
I have no dispute

이제는
I got everything
Without anything

Now that I think I understand
I am gonna scream for no reason

Now that I don't have to worry
I am gonna start worrying.

●●●

약간의 비틀거리는 진심이 살아있는 맘의 진심일까?

●●●

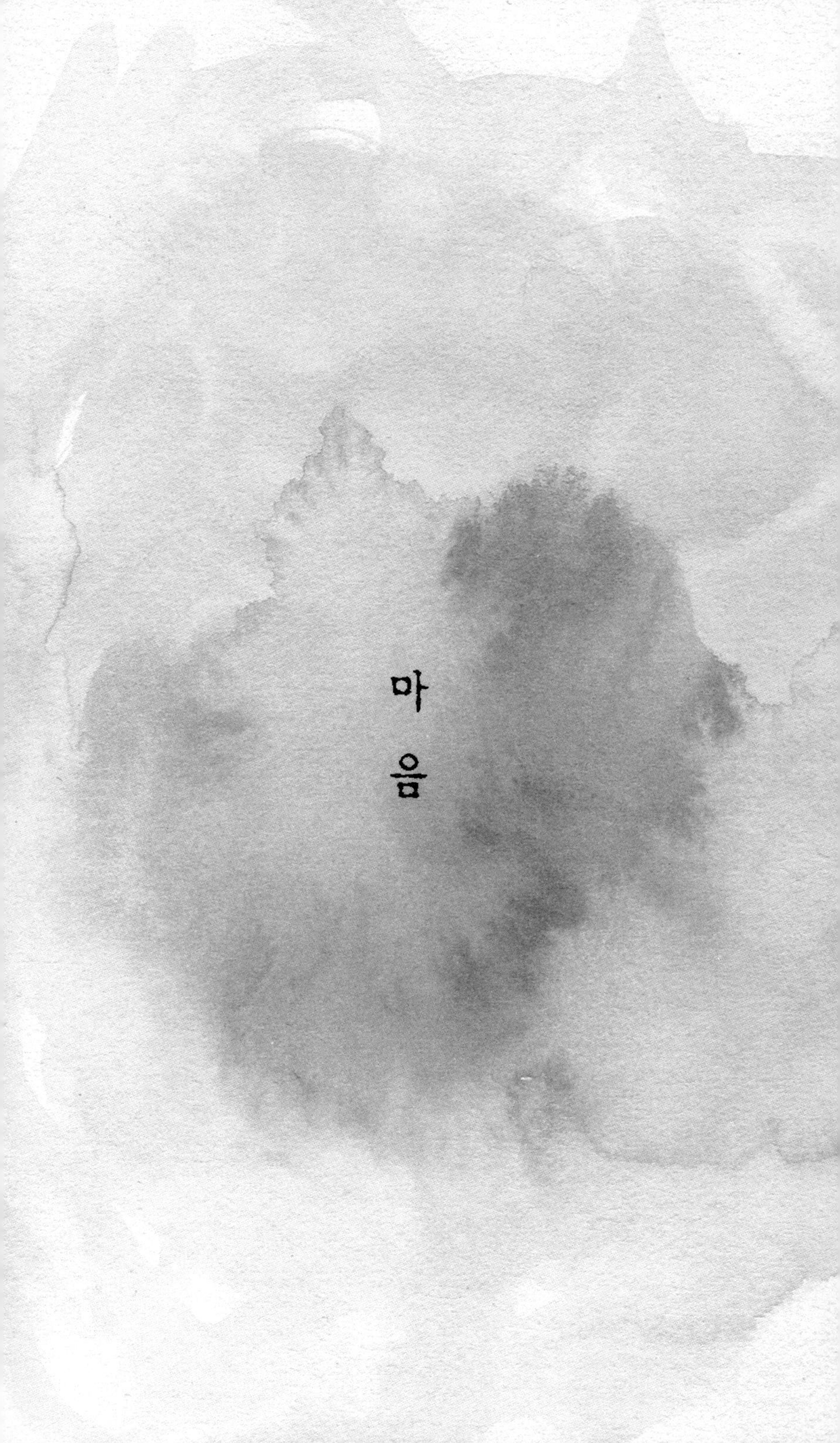

마음

●●●

어디엔가 사랑이 있었겠죠.

사랑으로 시작을 했겠죠.

●●●

지금은

다시 오는 줄 알았어요
날 두고 떠나던 그날
이유가 있었고 난 그 이유를 모른 채 기다렸어요

얼굴을 어떻게 기억하나요?
헤어질 때 어떻게 알았겠어요?

둘이 함께 한 시간을 어떻게 떠올리나요?
그렇게 짧은 시간만 마주할지 어떻게 알았겠어요?

우리 헤어졌을 때 많이 울었겠죠
난 아무것도 모른 채 울었겠죠
난 나만 우는 줄 알았겠죠

내게 준 사랑
내가 느껴 볼 기회도 주지 못했잖아요
계속해서 많은 사랑을 주는 줄만 알았어요

다시 오는 줄 알았어요
같이 할 줄 알았어요
당신을 가진 줄 알았어요

다시 오는 줄 알았어요
당신을 기다렸었어요
이제는 안 올 것 같네요

그래도 사랑이 있었다는 것에 마음을 달래고
그런 줄 알고
잘 살아가요

그립지만
그립기만 해서 다행이에요

늦게 오다

태어난 후 세상이 그대에게 병을 줬고
자라가는 데 웃음거리가 됐고
따돌림 당했죠

그래도 착했잖아요

가슴에 많은 걸 두고 살았겠죠
늘 혼자 지켜야 했고
늘 혼자 챙기고, 자신 외 모두를
늘 혼자…

미움 받아도
서러움 받고도
착하게 살았죠

하늘을 믿었겠죠
자신은 뒤로 두고 주위를 앞에 두고 기도하며
하늘을 친구 삼았죠

사랑을 했죠
완벽하지 않은 걸 사랑했죠
이해를 한 거겠죠
그렇게 아름다움을 보였죠
아무도 당신을 위해 싸우지 않았지만
하늘은 늘 당신 편인 걸 안 듯 미소를 지었죠

항상 변함없는 맘은 눈물 날 만큼 안쓰러웠죠
항상 뒤에 있던 당신이 먼저 가네요
당신의 마음을 알지 못한 우리를
끝까지 주머니 속에 넣어 다녔죠
그런 당신의 따뜻한 마음 알아주지 못한 게
너무 미안해요
이래도 웃고 있기만 할 것 같아서 더 힘드네요
언제나 우리를 보며 우리를 위해 웃어 줄 것 같아
그리 슬픈 이별은 아닌 것 같아요
계속해서 당신의 사랑은 살아갈 것만 같아요.

지울 게 없을 거야

모든 걸 사랑해도 아픈 건
사랑하는 것들이 아파서일 거야

울지 않겠다는 다짐 무너진 건
마음이 살아있기 때문일 거야

이해해도 더 이해하고 더 알려고 하는 건
너무 좋아서 다 내 것이 되길 원하는 욕심일 거야

웃긴 일이 있어 행복하고 즐거울 땐
마음을 둘 작은 추억이 될 거라서 그럴 거야

하고 싶은 말이 많고, 많아도
얘기 못 하는 건 다 이해하기 때문일 거야

기다리는 걸 배울 때는
많이 기다려 보고서일 거야

이해하는 걸 배울 때는
이해 받지 못할 때일 거야

사랑을 배울 때는
예쁜 거, 미운 거 다 좋을 때일 거야

지울 게 없을 거야.

이유

웃으면 더 슬퍼지는 이유
슬퍼지면 웃는 이유
약할 때 힘이 생기는 이유
힘이 넘칠 때 약해지는 이유
알고 있는데 모르는 이유
좋아해서 미운 이유
미운데 싫지 않은 이유
그래도 마냥 좋은 이유
이유 없는 이유.

토닥토닥

아물겠지
궁금해서 미치게 했던 날들은 이제 이해되겠지
너무 벅차 미친 짓 했던 날들은 이제 반복되지 않겠지
모든 걸 걸고 싸운 싸움도 이제 지난 일이 되겠지
상처는 아물겠지
시간이 걸리면서 천천히 아프게 아물겠지

용서를 배우겠지
용서가 되겠지
없던 일은 안 될 거고
그래서도 안 되고
내 속에서 계속 살겠지

내 안에서 아물게 해야지
내가 보살펴 가라앉게 해야지
내 안에서 울고, 원망하고, 싸우면서 아물게 되겠지
내가 토닥토닥 그리며 달래야지.

뚝

눈물을 잃자
앞을 가리잖아
안개를 끼우잖아

눈물을 잃자
웃을 수 있게
행복해지게

눈물을 잃자
아무도 몰라주잖아
어차피 혼자 이겨 나가야 하잖아

눈물은 널 기억 못할 건데
잃지 않으면 너만 손해잖아.

아이리스

완벽하지는 않아
그렇다고 못난 것도 아니야
매력이 많은 거지
멋진 놈이지

웃을 때 예뻐
생각하는 모습은 카리스마 넘쳐
울 때 찡해
어설프게 웃길 때 제일 재미있어

끼가 많아
그렇다고 다 할 줄 알지는 않아

꼼꼼한 구석이 있지만
먹을 때 덜렁대서 새 옷에 매번 흘려

말발이 있어
하지만 가끔 말도 안 되는 얘길 펼쳐 놓고
없어져

세상 물정 모르는 아이의 모습도 가지고 있지만
깊게 알면 인생을 파악한 모습에 놀라

웃다가 울게 만들고
울다가 웃게 만드는 사람이야

열심히 해, 뭐든 열심히 해
뻔한 실수는 용납 못해

초콜릿을 좋아하고
아이스크림도 좋아해
하지만 물에 밥 말아 고추랑 먹어

단정해
차분해
그런데 가끔 미친 행동에 놀라게 해

책을 읽어
그림을 그려

생각에 빠져
상상력을 흘려

미소 짓다
눈이 촉촉해져

힘든 건 표현 안 해
진짜 힘들 땐 기뻐해

슬픈 팬터마임을 떠올리게 해
약간은 어설픈 코미디언 같기도 해

내가 아는 어떤 사람이 이래.

I'll make you smile

Buenas Noches*

사람들이 모여 식사를 하고
와인병을 비우며 음악에 젖어
모두 하나가 돼
정을 나누며 모두 밝게 웃으며 친구가 돼
낮보다 아름다운 밤에 함께 모여
하루를 마감하는 시간을 뒤로 둔 채
춤을 추는 사람들
노래를 부르는 사람들
이야기를 나누는 사람들
웃음을 퍼트리는 사람들
안아주는 사람들
키스를 하는 사람들
반기는 사람들
다음을 약속하는 사람들
졸고 있는 아이들
행복함을 숨쉬게 하는
아름다운 부에노스아이레스의 밤을 기억해.

---

* 스페인어로 저녁 인사

걱정하지 마

어떤 꼬마가 노래를 불러…

"걱정하지 마
걱정하면 안 돼~~"

걱정하지 말라고 말해줘
걱정 같은 거 할 필요 없다고

걱정될 만한 일이 아니라고
걱정을 가까이 하지 말라고

걱정에 웃어 주라고
걱정이 아닐 거라고

"걱정하지 마… 걱정하면 안 돼~~."

집

집을 만들어 사랑을 키우고 싶어
사랑을 퍼트려 아름답게 살고 싶어
아름다움을 뿜어내 행복을 나눠 주고 싶어
행복을 피워 아픔을 치료해 주고 싶어
아픔을 이겨내 도움이 되고 싶어
도움을 주면서 의미를 만들고 싶어
의미를 가져서 삶의 이유를 찾고 싶어
삶의 이유를 나눠서 한 가족이 되고 싶어
가족이 되어서 집이 되고 싶어.

같이 살자

마음을 넓혀 네 심정을 알아줄게
똑똑하지 않아도 내 길을 만들어
힘없는 너도 같이 데려가 줄게

완벽한 미모가 아니라도 멋진 사람이 될게
사랑에 충실해 모두가 부러워하는 연인이 될게

쓴 말을 가끔 해도
너무 아프지 않은 충고로 들리게 말하는 연습을 하고
모두의 가슴에 꼭 있어야 하는 심장처럼 살아갈게
필요한 사람이 될게
기댈 수 있는 사람이 될게

넘어지고 일어서고 또 넘어져
삶의 고통을 견뎌내
오는 평화를 나눠 줄게

보호자의 마음을 가져 마음을 지켜 주는 사람이 될게
도움이 될게, 어깨를 줄게

휴식을 찾을 수 있는 이야기를 들려줄게
꿈을 꾸게 도울게

모든 건 끝에 개그라고 한
채플린의 말을 같이 믿어 볼래?
촌스러움에 묻혀 멋진 삶을 살아
역사의 인물에 도전해 볼래?
걸어갈 길의 흔적을 같이 남길래?

●●●

혼란은 생각하기 나름

발언은 언제나 가라앉음

싸움은 시작과 같이 끝내야 함.

진심은 시간이 보여 줌

마음 가득 채워지는 낯선 행복.

●●●